ACHILLE HERMANT

SA VIE ET SES ŒUVRES

1823 — PARIS — 1903

NOTICE

PAR

Charles LUCAS, Architecte, S. C.

SECRÉTAIRE GÉNÉRAL DE LA CAISSE DE DÉFENSE MUTUELLE DES ARCHITECTES

XXXIe SESSION DU CONGRÈS DES ARCHITECTES FRANÇAIS

EXTRAIT DE *L'ARCHITECTURE*

Journal de la Société centrale des Architectes français

XXVIe année, 15 août 1903

PARIS

IMPRIMERIE DE J. DUMOULIN

5, RUE DES GRANDS-AUGUSTINS, 5

1903

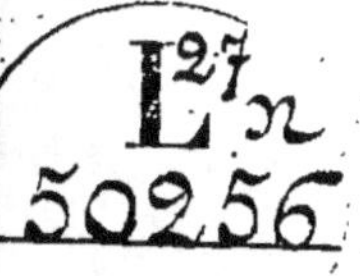

ACHILLE HERMANT

SA VIE ET SES ŒUVRES

1823 — PARIS — 1903

ACHILLE HERMANT

SA VIE ET SES ŒUVRES

1823 — PARIS — 1903

NOTICE

PAR

Charles LUCAS, Architecte, S. C.

SECRÉTAIRE GÉNÉRAL DE LA CAISSE DE DÉFENSE MUTUELLE DES ARCHITECTES

XXXIe SESSION DU CONGRÈS DES ARCHITECTES FRANÇAIS

EXTRAIT DE *L'ARCHITECTURE*

Journal de la Société centrale des Architectes français

XXVIe année, 15 août 1903

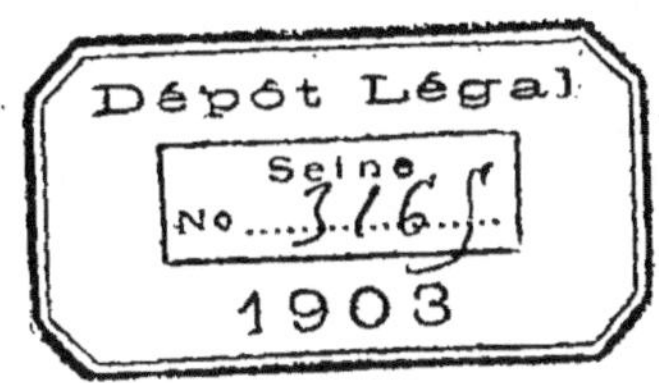

PARIS

IMPRIMERIE DE J. DUMOULIN

5, RUE DES GRANDS-AUGUSTINS, 5

1903

ACHILLE HERMANT

SA VIE ET SES ŒUVRES

PAR CHARLES LUCAS, ARCHITECTE[1]

Messieurs et chers confrères,

Le Bureau de la Société centrale des architectes français décidait, le 7 mai dernier, qu'une notice sur la vie et les œuvres de M. Achille Hermant, décédé quelques jours auparavant, serait lue en séance de ce Congrès, et le Bureau me faisait le grand honneur de me demander cette notice.

J'ai beaucoup connu M. Achille Hermant depuis quarante ans, et, depuis plus de trente ans, j'ai été bien souvent, à la Société centrale et, plus récemment, à la Caisse de Défense mutuelle des architectes, le secrétaire d'importantes commissions dont il était l'instigateur et le président; j'ai même appartenu quelque temps, presque au début de ma carrière administrative, à l'une des agences de travaux de la ville de Paris dont il était le chef, et, l'ayant beaucoup connu, je l'ai beaucoup apprécié et je puis dire aimé, ayant toujours eu pour lui la déférence du disciple vis-à-vis du maître; mais ces raisons mêmes rendent ma tâche plus difficile.

Comment apprécier comme il convient une carrière aussi longue, aussi bien remplie, consacrée à tant de travaux divers, ennoblie par tant de belles œuvres?

Comment surtout vous parler dignement de M. Achille Hermant dans cette enceinte où, bien souvent, vous avez applaudi à ses meilleures études, celles que lui dictaient son amour de la profession d'architecte et son vif désir de tou-

1. Notice lue à la séance du 13 juin 1902 de la XXXIe Session du Congrès des architectes français, présidée par M. C. MOYAUX, membre de l'Institut. (Extrait du journal *l'Architecture*, organe de la Société centrale des architectes français.)

jours voir l'architecte contemporain s'élever davantage et conquérir une place plus importante et mieux définie dans la société, à la fois comme artiste et comme mandataire de son client ?

Enfin, Messieurs, vous aviez demandé, il y a quelques mois, à M. Achille Hermant, presque le doyen d'inscription sur le tableau de la Société centrale des architectes français, d'écrire l'histoire de cette Société, jugeant que, par le rôle important qu'il y avait joué depuis son entrée en 1854 et par les hautes fonctions qu'il y avait toujours remplies, il était le plus apte et le mieux désigné pour vous rendre ce service.

N'était-ce pas ainsi reconnaître que l'histoire de la Société centrale des architectes français se confond quelque peu et se lie intimement, surtout depuis 1867, date d'une de ses transformations dont M. Achille Hermant fut l'instigateur et l'âme, avec l'histoire de cette Société?

C'est pourquoi si, malgré mon désir de me borner, cette notice est encore trop longue, il faudra m'accorder toute votre indulgence et ne vous en prendre qu'au sujet d'abord, qui est vaste, et à vous ensuite ; car ce sera souvent, au cours de cette notice, un peu de votre histoire que je vous retracerai en vous parlant de notre regretté confrère.

Et puis une dernière appréhension m'obsède : n'êtes-vous pas encore sous le coup des paroles si cordiales et si justement élogieuses prononcées aux obsèques de M. Achille Hermant par nos honorés confrères M. J. Bouvard, au nom de la municipalité parisienne, M. C. Moyaux, de l'Institut, au nom de la Société centrale des architectes français, et M. Lucien Étienne, au nom des experts près le Tribunal civil de la Seine ?

Pierre-Antoine-Achille Hermant naquit à Paris le 6 décembre 1823, vers la fin de la Restauration ; un de ses grands-parents fut le peintre de fleurs Redouté ; son père était chef d'un important service au ministère des finances, et ses alliances dans l'industrie et dans la haute administration lui ouvrirent tous les mondes de la grande bourgeoisie parisienne : son énergie, bien visible sur sa figure puissante et ouverte, son talent, sa persévérance, lui assurèrent vite l'aisance qui lui permit, en travaillant toujours, de toujours bien travailler, sans hâte, sans rien livrer au hasard et avec une rare conscience.

Il avait fait de fortes études classiques au collège Bourbon, depuis lycée Bonaparte, Fontanes ou Condorcet, mais toujours resté, avec une étiquette monarchique ou républicaine, un foyer d'enseignement libéral; il fit ses études d'architecture à l'École des beaux-arts, où il entra en 1842, en même temps que MM. Charles Garnier, Alfred Normand, Guénepin, Salleron, Davioud, et où il remporta en première classe, en 1846, deux médailles d'architecture qui furent le présage de tant d'autres succès; mais, pendant cette période, il dut beaucoup à son maître, Abel Blouet, et à l'atelier que dirigeait alors cet éminent professeur.

Ce n'est pas ici qu'il est utile de dire le rôle important que joue, dans l'éducation et la formation d'un artiste, la valeur du maître auquel l'élève va délibérément demander ses leçons et sa direction artistique. Peut-être même, à côté de tant de remarquables mémoires académiques sur les sujets les plus divers, en reste-t-il un à écrire sous ce titre : « De l'influence exercée par les ateliers d'architecture sur l'histoire de l'architecture au dix-neuvième siècle » ; dans tous les cas, on ne saurait nier l'influence profonde qu'exerça Abel Blouet sur une génération d'architectes dont plusieurs — il suffira d'en citer un seul, le plus éminent de tous, M. Vaudremer, de l'Institut — sont devenus des maîtres. Quelques mots seulement de M. Achille Hermant, empruntés à la notice qu'il écrivit sur Abel Blouet, caractériseront l'enseignement de ce dernier : « C'est de l'éclectisme, peut-être, mais non pas de cet éclectisme qui va pillant partout, s'appropriant le bien d'autrui et réussissant à faire un ensemble au moyen d'éléments souvent hétérogènes. Non! c'est simplement le droit que possède tout homme d'étude, tout chercheur, de s'enrichir de l'expérience de ceux qui l'ont précédé. C'est ce droit étendu à tout et exercé avec méthode. »

La fortune des concours publics devait tenter M. Achille Hermant, aussi bien dans le domaine de la littérature esthétique que dans le domaine de l'architecture. Nous verrons qu'il n'eut pas à se plaindre des efforts qu'il fit dans cette double voie, car ces efforts furent couronnés d'éclatants succès.

Pour l'architecture, il obtint, en 1850, en collaboration avec Henri Dubois, un de ses contemporains qui le précéda de quelques années dans la tombe, un second prix dans le concours ouvert pour la construction d'un abattoir à Roubaix, et plus tard il obtint, mais seul cette fois, encore un second prix dans le concours ouvert en 1880 pour la construction d'un hôtel de ville à Neuilly-sur-Seine.

En revanche, en 1874, dans le concours ouvert pour la construction de la Maison de répression de Nanterre et où il eut affaire à de redoutables concurrents, son projet, classé premier, lui assura l'exécution de travaux s'élevant à plus de 11 millions de francs et qui durèrent dix années.

Cette Maison de répression de Nanterre, si bien orientée en plan, si pondérée dans ses masses et répondant alors à un programme spécial de correction et d'hospitalisation, est à étudier particulièrement. M. Hermant se montra, dans sa conception et dans ses aménagements, le digne élève d'Abel Blouet et l'émule de Gilbert, et certaines parties de ce vaste établissement, surtout le grand portique intérieur de près de 400 mètres de longueur, l'ancienne communauté des religieuses, avec son petit cloître, et l'infirmerie offrent un caractère d'architecture reposant et rappelant sans servilité les édifices de la renaissance florentine.

Malheureusement, par suite de modifications dans le régime intérieur, la chapelle catholique et les deux petits temples protestant et israélite, autour desquels circulaient l'air et la lumière, ont dû être remplacés par de vastes ateliers s'élevant de plusieurs étages et coupant la perspective de la cour intérieure, et des bâtiments, à l'origine traités en bâtiments pénitentiaires, ne sont plus aujourd'hui occupés que par des hospitalisés.

Il résulte de ces modifications et d'autres encore que nous avons pu constater dans une visite faite ces jours derniers, avec l'autorisation de M. Laurent, secrétaire général de la préfecture de police, et en nous servant de l'excellente notice de M. Victor Moulinet, inspecteur de l'établissement, que l'édifice, de si franche allure primitive, est comme embarrassé dans sa tenue et répond aujourd'hui moins exactement à un programme différent du programme primitif; cependant l'ordonnance générale du plan, de beaux morceaux d'architecture et des aménagements intérieurs très bien étudiés justifient toujours le succès considérable qu'obtint, il y a dix ans, l'édifice, alors que, presque terminé, il fit le plus grand honneur à M. Hermant.

La Maison de répression de Nanterre fut l'œuvre la plus importante que notre confrère eut à faire exécuter pour la préfecture de la Seine; mais d'autres édifices moins importants et cependant très méritants s'y ajoutèrent au cours d'une carrière administrative longue de trente-trois années d'activité.

M. Bouvard, directeur administratif du service d'architecture et des promenades et plantations de la ville de Paris, a bien voulu nous adresser l'état des services de M. Achille Hermant, des différents postes qu'il a occupés dans l'administration municipale et des édifices qu'il a construits pour le compte de la ville de Paris; ce document est à transcrire malgré son apparente sécheresse :

Entré au service d'architecture de la ville de Paris, comme inspecteur de deuxième classe, le 1er mars 1860, inspecteur de première classe le 31 janvier 1865, architecte le 12 décembre 1870.

Architecte du IXe arrondissement le 1er janvier 1872, de la 10e section le 1er janvier 1876, de la 7e section le 1er janvier 1879.

Passé au service départemental (1re circonscription) le 21 janvier 1881, admis à la retraite le 1er janvier 1893. Nommé architecte honoraire et membre du conseil des travaux d'architecture de la ville de Paris.

En dehors de la Maison de répression de Nanterre qui dépend du service du département, M. Hermant a construit, pour le compte de la ville de Paris, les écoles de garçons et de filles rue de Puebla (aujourd'hui rue Bolivar), la caserne Mouffetard, œuvre d'un beau caractère architectural, et le groupe scolaire rue de Reuilly, dernier édifice où furent appliquées d'intéressantes données d'hygiène scolaire.

Mais il faut rappeler, pour mettre au point ces lignes dont quelques-unes représentent des services de plusieurs années, les paroles si justes et si émues avec lesquelles M. Bouvard a exprimé, sur la tombe de M. Hermant, les solides qualités qu'il apportait à l'accomplissement de ses devoirs, la juste place qu'il avait conquise à la Ville de Paris et à la préfecture de la Seine, et les remercîments de l'administration pour tant de services rendus.

Les œuvres d'architecture privée ne tiennent pas moins de place dans la carrière de M. Achille Hermant, et nous ne pouvons citer que les principales.

Après une maison boulevard du Prince-Eugène (aujourd'hui boulevard Voltaire) pour le Crédit mobilier, et les maisons du boulevard Malesherbes, 79 et 64, dans l'une desquelles, un des premiers, il tenta de séparer par un large corridor (la galerie de nos jours) les pièces en façade sur la rue de celles en façade sur la cour, il fit élever une maison rue de Rome près l'angle du boulevard Haussmann, une maison avenue de l'Opéra, deux maisons, l'une rue du Mail et l'autre rue de Richelieu, fort intéressantes toutes deux par l'importance, donnée en plan et accentuée en façade, des installations commerciales, une maison rue Danton et plusieurs hôtels, dont son hôtel familial de la rue Legendre, si bien aménagé pour ses travaux et plus tard pour ses loisirs.

Mais tant de constructions, toutes empreintes de recherche et d'harmonie, qui valurent, en 1885, à M. Achille Hermant, la grande médaille d'argent pour travaux d'architecture privée de la Société centrale des architectes français, ont été rappelées et décrites avec charme par notre regretté confrère Paul Sédille dans son rapport du Jury de l'architecture privée de 1885.

Nous avons dit plus haut que la fortune des concours publics fut également favorable à M. Achille Hermant dans le domaine de la littérature esthétique. En effet, trois fois, de 1856 à 1867, il fut lauréat du prix Bordin de l'Académie des beaux-arts pour d'importants mémoires, dont les titres, qui disent les préoccupations agitant alors cette Académie, sont les suivants :

1° *Faire ressrotir les produits qui distinguent l'industrie française sous le rapport du goût, et en rechercher les causes; présenter les moyens de conserver à notre industrie la position honorable qu'elle s'est acquise, de la fortifier encore et de diriger dans la voie du beau cette partie intelligente de la nation qui se livre aux travaux de l'industrie;*

2° *Rechercher les causes qui ont influé sur la marche des arts depuis le commencement de la Renaissance jusqu'à la fin de cette période de progrès, et celles qui, en sens inverse, ont amené la dernière décadence dont le terme peut être fixé à la moitié du dix-huitième siècle;*

3° *Rechercher et démontrer le degré d'influence qu'exercent sur les beaux-arts les milieux nationaux et politiques, moraux et religieux, philosophiques et scientifiques; faire ressortir dans quelle mesure les artistes les plus éminents se sont montrés affranchis ou dépendants de cette influence.*

Le premier seul de ces mémoires fut livré à la publicité, et leur auteur, qui, comme l'a si bien dit notre confrère M. Lucien Étienne, était un *simpliste,* le fit imprimer sous ce titre qui en résume assez exactement les données : *De l'influence des arts du dessin sur l'industrie.*

Ce mémoire venait bien en son temps, quelques années après le cri d'alarme, trop peu écouté, jeté par M. le comte de Laborde au lendemain de la première Exposition universelle de Londres, en 1851, et après notre première Exposition universelle française de 1855, Exposition qui avait, par ses splendeurs, empêché de voir certaines faiblesses de nos industries d'art ainsi que les causes qui en menaçaient l'expansion et, jusqu'à un certain point, la supériorité jusqu'alors incontestée.

Au cours de ces pages, en partie toujours vraies, malgré tant d'efforts accomplis depuis un demi-siècle, M. Achille

Hermant donne d'excellents conseils encore trop peu écoutés, et les dernières lignes de sa conclusion, montrant l'esprit philosophique et la sage raison qui animaient toujours notre confrère, méritent d'être reproduites :

« Les idées que je viens d'émettre, écrit-il, sont des modifications aux tendances actuelles, importantes dans le fond, mais légères dans la forme, et, par conséquent, faciles à mettre en pratique. Ce sont là, je crois, les meilleures. On réussit rarement en voulant révolutionner ; on améliore, au contraire, assez facilement.

« Le temps seul amène dans les goûts, les habitudes, les pensées, les croyances d'une société, ces grands changements qui sont l'origine d'une ère nouvelle ; mais l'étude, le sentiment et la raison suffisent toujours à maintenir l'art dans la voie du progrès et de la vérité. »

Le second mémoire, relatif aux causes des progrès et de la décadence des arts pendant la Renaissance, semble présenter un intérêt moins actuel, quoique, l'histoire étant un éternel recommencement, certaines pages de ce mémoire seraient encore bonnes à méditer à notre époque où tous les amis de l'art appellent une nouvelle renaissance, non inspirée exclusivement de traditions gréco-romaines et même plus largement antiques, mais inspirée de traditions d'œuvres plus françaises et n'empruntant guère aux anciennes civilisations que les secrets de leur technique.

Un des grands mérites du troisième mémoire, traitant de l'influence des milieux sur la marche de l'art et sur les œuvres des artistes, naît justement de la question posée elle-même, et, si on laisse de côté les faits particuliers, ce mémoire offre des considérations vraies à toutes les époques et qui, demandées au passé, peuvent projeter une lueur sur l'avenir.

Mais M. Achille Hermant ne s'en tint pas à ces études adressées à l'Académie des beaux-arts et récompensées par elle ; à l'ouverture du premier Congrès international des architectes, réuni surtout grâce à ses efforts pendant l'Exposition universelle de Paris en 1867, il traitait, dans cet hémicycle, une question alors toute de circonstance :

Quel est l'état actuel de l'architecture chez les différents peuples contemporains, et quelles en sont les tendances?

Débutant, avec la netteté qui caractérisait toujours ses exposés, par ces mots :

« Cet énoncé est, pour nos hôtes étrangers, une invitation à nous instruire de l'art qu'ils pratiquent dans leur patrie ; pour nous-mêmes, l'engagement d'exposer nos principes sur celui que nous cultivons. Les rôles sont donc tracés. »

Et il terminait ainsi :

« Messieurs, j'ai posé en principe que l'architecture est l'art des idées générales, des tendances morales et intellectuelles d'une société. J'ai montré que la tendance de la société contemporaine est essentiellement scientifique et industrielle. J'ai établi que la tendance scientifique a pour conséquence un éclectisme à peu près universel, que l'art de bâtir en subit l'influence, et que cette influence se traduit par l'individualisme au détriment de l'unité. J'ai fait voir enfin que la tendance industrielle constitue un milieu défavorable aux manifestations de l'art, en donnant à l'utile la prédominance sur le beau. »

Je laisserai de côté, quant à présent, les conférences que fit M. Achille Hermant, en 1874 et 1875, à l'ouverture des deux premiers Congrès nationaux des architectes français, sur *la Responsabilité des architectes;* mais je tiens à rappeler l'étude magistrale qu'il donna au deuxième Congrès international des architectes, tenu à Paris pendant l'Exposition universelle de 1878, sur *l'Esthétique mise à la portée de tout le monde,* et je terminerai cette brève énumération des principales œuvres littéraires de notre confrère en rappelant à quelques-uns et en apprenant au plus grand nombre que toutes ces études si consciencieuses et si fouillées d'esthétique et d'histoire de l'art, de beaux-arts et d'industries d'art étaient de fait des fragments du cours que notre confrère avait rêvé de professer, dans cet hémicycle même, lorsqu'il avait été désigné, en 1863, par le conseil des professeurs de l'École des beaux-arts, comme professeur suppléant du cours d'histoire de l'architecture, à la veille du bouleversement des traditions de cette École au mois de novembre de la même année.

Les conférences que fit M. Achille Hermant sur *la Responsabilité des architectes* et l'ouvrage qu'il publia sur *l'Architecte moderne devant le Code civil* se lient à une autre partie et bien différente de la carrière de notre confrère, à ses études de juriste, à ses commentaires des articles du Code civil concernant les constructions et le constructeur, à sa collaboration aux deuxième et troisième éditions du *Manuel des lois du bâtiment* de la Société centrale des architectes français, à ses fonctions, qu'il remplit si longtemps et avec tant d'autorité, d'expert près le Tribunal civil de première instance de la Seine et qui lui valurent l'estime et la confiance des présidents successifs de ce Tribunal et de plusieurs générations d'avoués, enfin à l'espoir qu'il avait, n'ayant pu professer l'histoire de l'architecture dans cette École, d'y professer le cours de jurisprudence appliquée aux constructions, cours pour lequel il fut présenté en 1889 par le Conseil supérieur de l'École des beaux-arts, mais dont le ministre crut devoir charger un honorable conseiller à la Cour de Paris.

Le premier *Manuel*, dans sa partie essentielle, les commentaires des articles du Code civil touchant le bâtiment, fut surtout l'œuvre de Rohault de Fleury, expert d'une grande honorabilité et d'une rare clairvoyance, qui avait destiné ces commentaires à l'éducation juridique de ses fils, dont l'un fut un brillant élève de l'École des beaux-arts avant de devenir un célèbre écrivain d'art chrétien; mais M. Achille Hermant fut le rapporteur de la deuxième édition singulièrement amplifiée de ce *Manuel*, ainsi que le président et le rapporteur général de la troisième édition, et il imprima à cet ouvrage la marque puissante de son esprit net et précis, de sa science approfondie du droit et de sa grande expérience.

Aussi, quel que soit le sort de notre droit français contemporain pour ce qui concerne les constructions et la responsabilité du constructeur, quelques modifications importantes que puisse un jour subir cette partie de notre législation, l'autorité conquise depuis quarante années par les trois éditions successives du *Manuel* de la Société conservera, à une place d'honneur dans l'histoire de la jurisprudence spéciale, les noms de Rohault de Fleury et d'Achille Hermant, autour desquels se grouperont les noms des membres successifs du Conseil judiciaire de la Société centrale des architectes français et, comme aux différentes places du palmarès de la Société, les noms de ceux qui eurent l'honneur d'être les collaborateurs de leurs travaux.

Le succès de la deuxième édition du *Manuel,* qui s'affirma dès sa mise en vente, en 1881, et le trouble existant à Paris dans la pratique des constructions par suite des rabais démesurés d'importance consentis par les entrepreneurs, pour les travaux particuliers, sur la Série des prix de la ville de Paris, incitèrent la Société centrale à entreprendre une autre publication, non moins grosse de recherches, plus ardue même, celle d'une Série de prix du bâtiment. A l'aurore de cette publication, ou mieux à la tête de la Commission chargée d'en étudier l'opportunité, nous trouvons encore M. Achille Hermant, et ce n'est que justice, aujourd'hui que cette Série est arrivée, en vingt-deux années, à sa onzième édition, de rappeler qu'il en fut un des initiateurs et que c'est sur son rapport que la Société se décida à en entreprendre la publication.

J'arrive peut-être ici à la partie la plus délicate de la tâche que je poursuis, devant vous, en essayant de rendre un hommage mérité à M. Achille Hermant : il me faut parler de la *Caisse de Défense mutuelle des Architectes.* Ici, mon embarras est grand, tant j'aurais à rappeler d'initiative, d'efforts et de dévouement dépensés, depuis la conférence que fit M. Achille Hermant, à Nice, en février 1884, jusqu'aux dernières affaires qu'il étudia, en 1902, dans ce syndicat professionnel qui a clôturé hier même sa dix-huitième année effective d'exercice. Vous le savez, ce sont les mille procès si divers, engagés à propos de l'exercice de la profession d'architecte et le plus souvent contre ce dernier, ce sont surtout les transes que causèrent à tous les architectes français les péripéties de cette *Affaire Henri Parent c. Comtesse de Béarn,* qui épuisa tous les degrés de juridiction civile de notre pays y compris la Cour de cassation, qui ont suggéré à M. Achille Hermant la création — sous les auspices et avec le patronage de la Société centrale des architectes français — de la Caisse de Défense mutuelle des architectes, véritable syndicat professionnel dont il fut le fondateur et, jusqu'à ses derniers jours, le véritable inspirateur.

Mais, aujourd'hui, tous les architectes français, même ceux qui se tiennent le plus en dehors de nos sociétés confraternelles et surtout ceux qui, voyant la marche heureuse de la Caisse de Défense mutuelle, voudraient en voir étendre les bénéfices à tous les architectes français, tous sans exception savent combien cette Caisse de Défense mutuelle fut l'œuvre sienne et préférée de M. Achille Hermant : il n'y a donc pas à insister sur la reconnaissance qui lui est due de ce chef.

Tout se tient dans ce domaine si étendu des devoirs et aussi des droits de l'architecte, de ses justes revendications, et, à propos de ces dernières, il en est une, *la Propriété artistique des œuvres d'architecture* ou le droit de propriété de l'architecte sur son œuvre, revendication couronnée, l'an passé, par un éclatant succès, l'introduction du mot architecte parmi les auteurs protégés par la loi de 1793, qui me force à remonter à vingt-cinq années en arrière, au jour où je priai M. Achille Hermant de s'intéresser à l'organisation du premier Congrès international de la propriété artistique, tenu à Paris pendant l'Exposition universelle de 1878.

Je n'eus pas de peine à l'entraîner; vous vous rappelez même le solide mémoire, si nourri de faits, qu'il écrivit à cette occasion et avec quelle netteté de décision comme toujours il adopta et défendit cette formule si simple qui nous fit triompher : assimilation pure et simple de l'architecture aux autres arts et assimilation de l'architecte aux autres artistes.

Ce fut même à ce sujet de la propriété artistique que nous travaillâmes une dernière fois ensemble, lorsque, cet hiver, j'allai lui demander l'autorisation d'intercaler une lettre toute familière qu'il m'écrivait sur le droit de l'architecte, à propos de la reproduction de son œuvre par la photographie, dans un rapport à la Société centrale que je relisais hier à cette place, et aussi qu'il me confirma la pensée qu'il avait soutenue dans nos réunions, il y a quelques années déjà, qu'il faut obtenir du Parlement le vote d'une loi déclarant que la propriété intellectuelle ne tombe pas dans la communauté.

Je m'aperçois, Messieurs et chers confrères, qu'il me reste encore beaucoup à rappeler des services rendus par notre confrère à la profession d'architecte, notamment son *Compte rendu* des travaux de la commission constituée par M. le ministre de l'instruction publique et des beaux-arts à l'effet d'examiner les conditions légales dans lesquelles est exercée en France la profession d'architecte, le système d'études qui en ouvre l'accès, la nature des diplômes existants ou à créer pour sanctionner ces études, et aussi son *Rapport* au même ministre sur l'exercice de la profession d'architecte en Italie : ce sont là des pages très documentées d'histoire professionnelle et où il y aura toujours intérêt à puiser.

En outre, il me faut mentionner, en dehors d'autres titres déjà énumérés, que M. Achille Hermant était ancien membre du Comité de l'Association des artistes peintres, sculpteurs, architectes, graveurs et dessinateurs, fondée par le baron Taylor, membre honoraire des Sociétés d'architectes d'Angers, de Lille, de Lyon, de Nancy et de Nice, membre honoraire et correspondant de l'Institut royal des architectes britanniques et de la Société pour la propagation de l'architecture à Amsterdam, chevalier de la Légion d'honneur, commandeur de l'ordre royal du Christ de Portugal; qu'il avait obtenu la première médaille d'architecture au Salon en 1876, la première médaille d'architecture aux Expositions universelles de 1878 et de 1889, et qu'il avait été membre du jury de l'École des beaux-arts et de l'Exposition universelle de 1889.

Cependant cette notice, demandée par le Bureau de la Société centrale des architectes français pour être lue en ce Congrès, doit comprendre la liste des fonctions si nombreuses et si diverses remplies par M. Achille Hermant dans cette Société, depuis le jour où, peu après son entrée en 1854, il fut secrétaire et rapporteur de Section, délégué au Conseil, secrétaire adjoint, secrétaire principal, vice-président, censeur, président des plus importantes Commissions spéciales dont celle de revision des Statuts en 1867, revision qui fut le point de départ des développements pris depuis par la Société, et, dans ces derniers temps, président de la Commission chargée d'étudier les causes des grèves, les moyens de les prévenir et d'en atténuer les effets ; il fut aussi délégué à divers Congrès et au Syndicat de la propriété intellectuelle, ainsi qu'à l'Association littéraire et artistique internationale, dont il était l'un des vice-présidents. Mais qu'importent tous ces titres ? Le souvenir s'en effacera, tandis que ses œuvres resteront avec le souvenir des services qu'il a rendus.

Au reste, la Société centrale des architectes français avait su, dans la limite des récompenses dont elle pouvait disposer, exprimer sa reconnaissance à M. Achille Hermant. Après la médaille de jurisprudence en 1877 et la grande médaille d'architecture privée en 1885, après les jetons d'or en 1881 et en 1900 pour sa collaboration si effective aux deuxième et troisième éditions du *Manuel des lois du bâtiment*, après la médaille d'argent pour sa collaboration à la Série des prix du bâtiment, elle lui avait donné, en 1899, la plus haute récompense dont elle pût disposer, la médaille d'honneur (fondation Guérinot), et enfin elle l'avait, l'an dernier, inscrit, comme membre honoraire, au nombre des membres de son Conseil.

Dernier hommage, ce portrait, reproduction de la si parfaite image de notre confrère, qui est dans l'atelier de son hôtel de la rue Legendre, où il occupa les loisirs de ses dernières années à faire de la peinture, ce portrait va prendre place à tout jamais dans la salle du Conseil de la Société et dira à nos jeunes confrères, tant qu'existera notre Société centrale des architectes français : « Celui-ci est Achille Hermant, un architecte bien complet, qui, peut-être de tous nos confrères, est celui qui nous a rendu les plus grands services et dont la Société a voulu honorer la mémoire. »

En terminant, Messieurs et chers confrères, laissez-moi vous dire une pensée qui m'a poursuivi au fur et à mesure que j'écrivais cette notice : je me suis dit qu'on devait être fière à bon droit d'avoir été plus de quarante années la compagne aimée d'un tel homme ; qu'on devait être fier, quelle que soit sa valeur personnelle, d'être le fils d'un tel père, et que, autant que les grandes douleurs peuvent trouver de consolations ici-bas, autant cette noble fierté ressentie pouvait en apporter une, et j'ai pensé aussi à la suprême satisfaction qu'a dû éprouver Achille Hermant à ses derniers moments si remplis de lucidité en se disant que, dans l'architecture, la littérature et la musique, ses trois fils portent avec une célébrité méritée le nom qu'il leur léguait.

Imprimerie J. Dumoulin, à Paris.

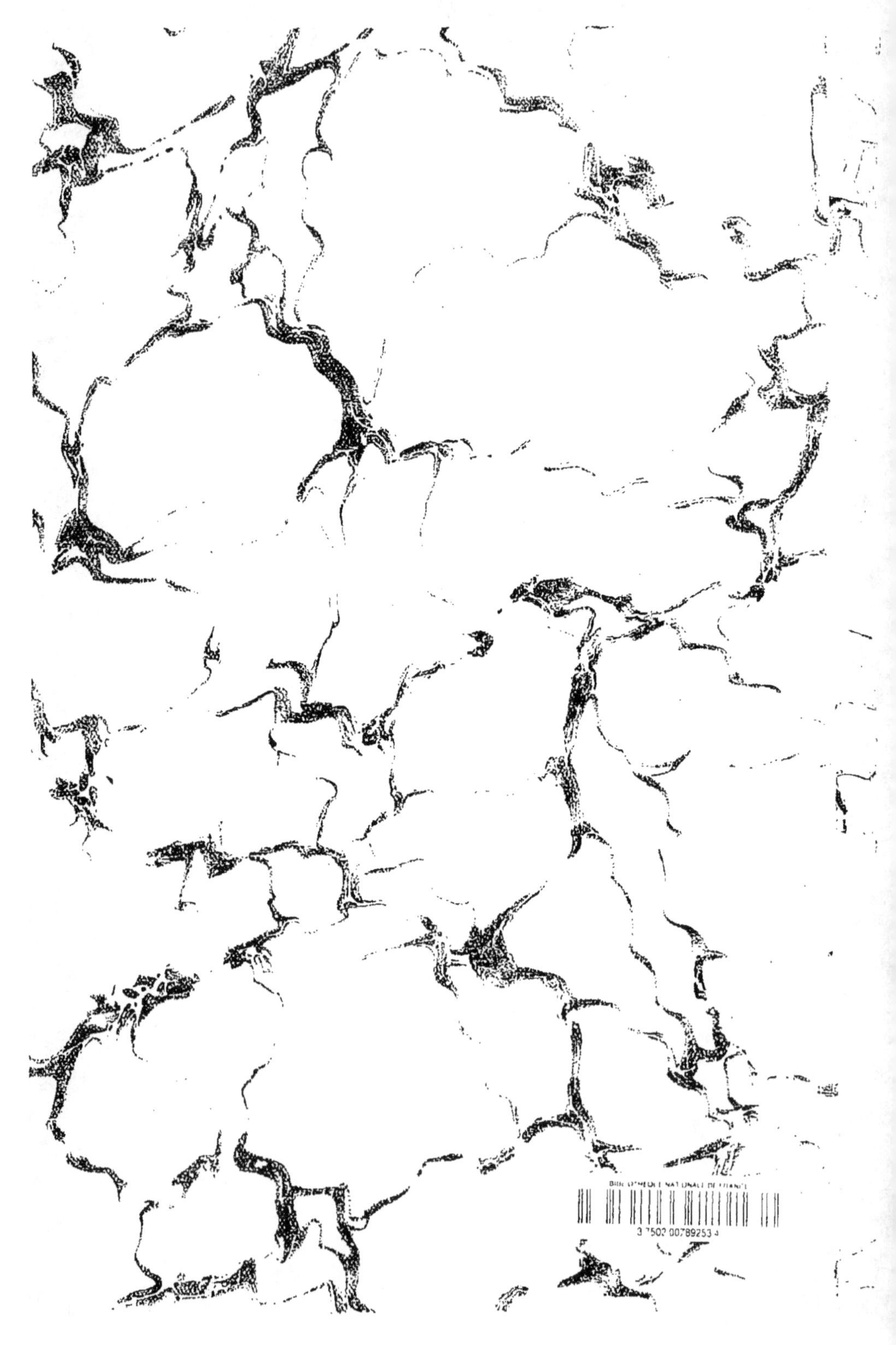

www.ingramcontent.com/pod-product-compliance
Lightning Source LLC
LaVergne TN
LVHW010305230826
846091LV00007BB/2720

* 9 7 8 2 0 1 1 3 4 3 7 6 5 *